novum pro

AF146900

Teresa Rita Cavaco Howe

Das Lied der Philosophen

Gedichte für alle, die gern träumen

novum pro

www.novumverlag.com

Bibliografische Information der Deutschen Nationalbibliothek:

Die Deutsche Nationalbibliothek verzeichnet diese Publikation in der Deutschen Nationalbibliografie. Detaillierte bibliografische Daten sind im Internet über http://www.d-nb.de abrufbar.

Alle Rechte der Verbreitung, auch durch Film, Funk und Fernsehen, fotomechanische Wiedergabe, Tonträger, elektronische Datenträger und auszugsweisen Nachdruck, sind vorbehalten.

© 2016 novum Verlag

ISBN 978-3-99048-027-4
Lektorat: Silvia Zwettler
Umschlagfoto:
Teresa Rita Cavaco Howe
Umschlaggestaltung, Layout & Satz:
novum Verlag

Gedruckt in der Europäischen Union auf umweltfreundlichem, chlor- und säurefrei gebleichtem Papier.

www.novumverlag.com

Inhaltsverzeichnis

Vorwort 7

Dachte Shakespeare 8

India oder Amerika 9

Die Seele eines Dichters 12

Maria 13

Es war einmal 14

Das Lied der Philosophen 15

Die Prinzessin 16

Alle Schmetterlinge 17

Brüder Grimm 18

Mein Herz 19

Philosophen 20

Skulptur 21

Kierkegaard aus Kopenhagen 23

Lissabon 24

Mein Fischerdorf 25

Kap S. Vicente 26

Der Ritter Johann 27

Auf Madeira 28

Galileo Galilei 29

Meine Gedichte 30

Das Lied über das Zillertal 31

Stierkampf 32

Der Entdecker Brasiliens 33

Die Geschichte des Meeres 35

Anaxagoras 36

Immanuel Kant 37

Mein Fischermann 38

Monsieur de Voltaire 40

Das Leben von Camões 42

Azoren 44

Rousseau 45

Begriffserklärungen 46

Informationen 47

Vorwort

Welchen Zusammenhang gibt es zwischen einem Lied, Lyrik und Philosophie, wird jeder Leser fragen.

Meine Spiele mit Wörtern, Ideen, Gedanken und Überlegungen können auch gesungen werden, wenn jeder einen Refrain ergänzt. Interessante Ideen haben für mich persönlich eine Art von Melodie im Leben.

Auch die Erinnerungen an meine Heimat Portugal, Familie, das Schicksal von Bekannten, die Orte, die ich mag wie Lissabon, Albufeira, Deutschland und Österreich sowie die Fachthemen wie Philosophie, Geschichte und Natur, die ich ziemlich mag, haben meine Gedichte beeinflusst.

„Das Lied der Philosophen – Gedichte für alle, die gern träumen" besteht auf 46 Seiten mit 31 Gedichten. Die sind meistens in Versform geschrieben, in Strophen unterteilt, ohne die gleiche Anzahl von Silben. Der Stil ist emotional und kunstvoll. Manche Gedichte ähneln einer Hymne und einige Gedichte haben ein paar Kennzeichen einer Ode, obwohl eine Ode kein festes Reimschema hat. Fast alle meine Gedichte haben alternierende Reim. Zwei Strophen in einem Vers haben Reime; entweder die erste und die dritte Strophe oder die zweite und die vierte Strophe.

Dachte Shakespeare

„Sein oder nicht sein",
dachte Shakespeare
in seiner Welt
voll von Neugier.

Seine Sehnsucht
nach Antworten
machte er fliegen
durch die Unendlichkeit der Wörter.

Die Flammen seiner Gefühle
waren wie verzauberte Pfeile
für die Herzen aller Menschen,
die seine Träume verstehen.

India oder Amerika

Ich wollte im Himmel leben,
aber es hat keinen Sinn.
Viel besser ist es, hier zu schreiben,
und lege meine Hand unter das Kinn.

Wo soll ich leben?
In India oder in Amerika?
Ich will bald verreisen.
Und ich nehme meine Anika.

Wir nehmen tausend Koffer,
unsere Körper, Seelen und Glauben.
Wir finden einen Weg.
Wir haben offene Augen.

Ich lasse hier
Greta, Maria, Sofia nur mit Rosen.
Mein Herz ist nun für Anika geschlossen.
Leider fahre ich nicht mehr nach Polen.

Das Schiff nach Indien
ist angekommen.
Mein Gesicht ist voll von Tränen,
aber bessere Tage werden kommen.

Berge, Meere und Wälder
sind keine Hindernisse für mich.
Die heiße Sonne macht mir auch keine Angst.
Nur die lange Reise macht Anika ärgerlich.

Ich verlasse mein Land.
Ich werde das schon schaffen.
Meine Tasche ist voll von Gold.
Wir werden halten in jedem Hafen.

Warte auf mich, India!
Mein Herz ist bald bei dir.
Anika freut sich schon.
Das Glück ist immer bei mir.

Ich lasse meine Freunde zurück.
Ich brauche neue Abenteuer.
Auf Wiedersehen meinem Land.
Ich habe Liebe, keine Reue.

Die Seele eines Dichters

Die Seele eines Dichters
ist wie ein Wasserfall
von Gefühlen und Emotionen.
Die Wörter, eine Fabrik von Träumen.

Jede Strophe ist wie ein „Ave Maria"
mit der Hoffnung auf mehr.
Ohne Gnade wartet die Seele
auf Sand, Erde und Feuer.

Mein Gedicht.
Dein Gedicht.
Sind wie das Licht der Sonne.
Es brennt in jedem Herz.

Maria

Maria.
Du bist das Meer, Salz und Sonne.
Ohne Schuhe läufst du am Strand.
Aber du spürst keinen Sand.
Mit Hut oder ohne
bist du die schönste Frau.
Nur das Meer ist rau.

Maria.
Wenn du auf den Dünen bist,
es rennt der Wind und die Luft.
Und keiner versteht, was das ist.
Die Wellen sind wie deine Hüften,
rund und entlüftet.

Maria.
Du bist die Mutter aller Madonnas.
Schön wie eine Kathedrale.

Es war einmal

Es war einmal
ein Märchen ohne Ende.
Das ist doch nicht normal.
Ein Buch ohne Ende.

Schöne Geschichten
zu erzählen, ohne zu singen.
Aber mit Gedichten
für immer und ewig singen.

Jedes wache Kind
würde sich wünschen
mit einem anderen Kind
zu lesen, um etwas zu wünschen.

Das Lied der Philosophen

Wer will Sokrates oder Voltaire
kennenlernen?
Wer will mehr wissen,
ohne sich zu beschweren?

Alle schreien.

Wer will Bacon und Sartre
kennenlernen?
Wer will mehr wissen,
ohne sich zu bewegen?

Alle singen.

Wer klopft an meine Tür?
Materialismus oder Rationalismus?
Wer will mehr wissen
mit Hegel oder Descartes?

Die Prinzessin

Die Küsse einer Prinzessin,
sie sind wie ein Wunder der Engel.
Rubis und Perlen will sie angeln
in dem kalten See mit Schwänen.

Ihr Mund will jeden küssen.
Ihr Mund, rote Blätter des Herbsts.
Die Prinzessin ist nie ernst.
Sie liebt ihre Poeme.

Keine Schatten oder Nebel
hindern sie zu singen.
Sie macht alles, damit alles gelingt.
Die Welt steht vor ihren Füßen.

Alle Schmetterlinge

Alle roten und blauen Schmetterlinge
fliegen hoch und um mich herum,
suchen Nektar, Sonne und Regen.
Auch ich kümmere mich drum.

Alle Schmetterlinge sind im Garten.
Die tragen mit sich viel Duft.
Keine Hände fangen diese Arten.
Alle wollen leben in der Luft.

Jede Seele sucht diesen Blick.
Auch mein Herz ist Neugier.
Im Leben gibt es keinen Trick.
Nur die Natur hat ihre Gier.

Brüder Grimm

Ihr seid die Könige
Der Märchen.
Ihr habt Träume
für alle Menschen.

Alle eure Wörter.
Es ist Gold auf allen Händen.
Alle eure Geschichten
gehören zu einem Tempel.

Welchen Dichter
würdet ihr wählen,
während des Schlafens
der Götter?

Mein Herz

Mein Herz ist wie eine Ruine.
Hier wohnt keine Jugend.
Und früher war ich wie ein Druide,
Voll von Inspiration und Tugend.

Mein Herz ist wie ein Wrack.
Wo liegt es? Wenn ich wüsste …
Verloren ganz tief im Meer …
Oder begraben in der Wüste …

Philosophen

Welche Philosophen,
alleine in der Geschichte der Erde,
träumen mit langen Strophen?

Und ganz höflich,
warten auf ein Publikum.
Ihre Gedanken sind unzählig.

Ihre Gedanken haben Flügel.
Mit Überzeugung und Ruhe.
Wohnen für immer auf einem Hügel.

Skulptur

Du Skulptur – kalter Stein.
An deiner Seite bin ich nur Sand.
Nichts bleibt in dir.
Ich rutsche durch deinen Finger.
Nichts bleibt in dir.

Du Skulptur – harter Stein.
An deiner Seite habe ich kein Licht.
Nichts kann dich erwärmen.
Meine Präsenz hat keinen Glanz.
Nichts kann dich erwärmen.

Skulptur – unbeweglicher Stein.
In dir sehe ich eine verengte Seele.
An deiner Seite bin ich ein Fremder.
Du bist wie ein Monster, ohne Leben.
An deiner Seite bin ich ein Fremder.

Skulptur – geliebter Stein.
Du bist grau und grausam.
Nichts geht in dich rein.
Du bist hart und gruselig.
Nichts geht in dich rein.

Kierkegaard aus Kopenhagen

Kierkegaard aus Kopenhagen.
Der große religiöse Schriftsteller.
Reich an inneren Konflikten.
War auch der Existenzen Vorsteller.

Kierkegaard aus Kopenhagen.
Konnte nie seine Melancholie beißen.
Verlobte sich mit Regine,
um sofort die Verlobung zu zerreißen.

Lissabon

Lissabon.
Am Rand Europas gelegen,
jeder will seine Schiffe
an deinem Hafen von Belém anlegen.

Lissabon.
Voll von braunen Karavellen,
jeder will heiraten
in deinen schönen Kapellen.

Mein Fischerdorf

Meine liebe verträumte kleine Albufeira,
wie ich dich vermisse im langen Sommer.
Mein Fischerdorf, mit Mandel in der Feira.
Nie wieder werde ich deine Felsen sehen.

Es ist zu spät in meinem Alter,
in deinen Gassen zu laufen.
Mit Tränen sehe ich die Kirche
und deine Laternen des Mittelalters.

Kap S. Vicente

Infant Henrique irgendwo im Ozean vermisst,
sein wildes und fernes Kap am Ende von Ibérica.
In seine Karavelle, die große Karten misst.
Er träumt von Helden in der Brandung.

Er hat sicher den besten Schiffsbauer,
Kartografen, Astronomen und Seeleute.
Er ist in der Atlantiküberquerung der Wegbauer.
Er hat keine Angst vor Wind und Wasser.

Der Ritter Johann

Der Ritter Johann wollte immer gewinnen.
Alles zeigen, was er mochte und konnte.
Aber blieb für immer unter Lawinen.
Lüge, dass niemand ihn finden konnte.

Für den Burgherrn war das praktisch.
Kein anderer sollte besser sein.
Entschied er spät am Tisch.
Johanns Dame sollte auch für ihn sein.

Auf Madeira

Im Winter ist es hier heiß.
Alles ist blau, grün und braun.
Nur die Wolken sind weiß.
Hier liegt mein Atlantik.

Viele Menschen sitzen draußen.
Ihre Gesichter sind schön.
Keine schwierige Arbeit steht außen.
Und besteigen alle Berge zu Fuß.

Galileo Galilei

Galileo Galilei,
bewunderte das Leben der Benediktiner.
Er wurde im Kloster erzogen.
Nach seiner Studienerfahrung
ist er wieder nach Florenz umgezogen.

Galileo Galilei,
Lektor in Pisa und in Padua.
Die Mathematik war seine Beschäftigung
sowie Instrumente zu bauen.
Und experimentierte mit der Beschleunigung.

Galileo Galilei,
Entdecker des Fernrohrs
und des Universums!

Wo sind deine wertvollen Schriften?

Meine Gedichte

Meine Gedichte
sind wie der Gesang aus anderen Orten.
Voll von Hoffnung und Abenteuer.
Viel Leidenschaft kommt aus den Worten.

Jeder Buchstabe ist ein Geheimnis.
Jede Strophe hat einen Traum.
Es ist wie ein singender, bunter Vogel.
Jede Seele findet hier ihren Raum.

Meine Gedichte
sind wie Wasserfälle.
Wo es keinen Platz für Tränen gibt.
Und es wird nichts fehlen.

Das Lied über das Zillertal

Das Lied über das Zillertal
ist fröhlich mit Trompeten,
bunten Blumen und Tälern.

Alle tanzen vor einer Hütte.
Mit glücklichem Lächeln
warten sie auf den Bischof.

Schöne weiße Kirchen
erreichen die Wolken im Winter.
Die Sonne strahlt über den Bergen.

Stierkampf

Viele Männer im weißen Hemd
wollen einen unblutigen Stierkampf.
Dort kommt das schwarze Wesen.
Der Stier hat – in ihren Augen – Dampf.

Das Publikum ist sehr begeistert.
Männer springen in die Arena.
Männer voll Blut lächeln mit Stolz.
Und warten auf Blumen von Lena.

Der Entdecker Brasiliens

Pedro ist auf dem Weg nach India.
Starke Winde führen ihn nach Westen.
Mit seinen großen weißen Segeln
fährt er ganz weit weg von Osten.

Seine Schiffe kämpfen gegen Stürme.
Eintausendzweihundert Männer sind dabei.
Sie vermissen ihr kleines Land.
Sind an vielen Walen vorbei.

Es läuft nichts nach Plan.
Auch Priester und Mönche sind in den Schiffen.
Sie finden kein India, sondern das Papageiland.
Die Kapitäne bewahren die Schriften.

Vor der Küste lässt er die Anker werfen.
Vor dem roten Kreuz auf weißem Grund
findet Pedro tausend Indianer,
die nicht viel wissen – über den Meeresgrund.

Die Männer mussten wieder nach Calicut.
Mit Erinnerungen muss Pedro Brasilien verlassen.
Die Männer wollen nach Hause – Belém.

Die Geschichte des Meeres

Die Geschichte des Meeres
steht auf dem Felsen geschrieben.
Und erzählt, wie mein Land schön ist.
Felsen aus Kalk, steile Klippen und Salz.
Die Monotonie der Wellen weckt jeden.
Die gelben Felsen werden für immer ein Denkmal.

Anaxagoras

Anaxagoras aus Kleinasien
war in Athen sehr geschätzt.
Der Durchbruch zur Demokratie
war bestimmt kein Scherz.

Anaxagoras, alter Philosoph.
Wegen seiner Gottlosigkeit
kam die graue Todesstrafe.
Perikles rettete ihn zur rechten Zeit.

Immanuel Kant

Du Kant!
Philosoph der Aufklärung.
Sende mir einen Brief!
Ich brauche mehr Erklärung.
Über die reine Vernunft.

Du Kant!
Philosoph aus Königsberg.
Als Vertreter des Idealismus.
Ich lese deinen Schriftenberg.
Über deine Metaphysik.

Mein Fischermann

Mein Fischermann geht ins Meer.
Er wird vielleicht nie wiederkehren.
Ich bin sicher. Er kommt nicht mehr!
Ich höre die starken Gewitter.

Bitte Gott, bring meinen Fischer zurück.
Weil meine Kinder auf meinem Schoß liegen.
Das Meer ist wütend und tief.
Und es ist egal, wie viel Fische wiegen.

Sein Boot aus bestem Holz ist zerbrechlich.
Wegen der Strömung wollen sie nicht fühlen.
Eine grausame Nacht ist wie tausend.
Die Fischer verstecken sich wie in Hüllen.

Sein wunderschönes Boot ist gesunken!
Aber niemand kann es glauben.
Die Kinder rennen zum Fischermann.
Ich schenke ihm Blumen und Trauben.

Monsieur de Voltaire

Monsieur de Voltaire.
Gib mir über deine Epik eine Erklärung.
Du weißt viel über Drama
und über die französische Aufklärung.

Monsieur de Voltaire.
Auf mich kannst du zählen,
wenn du den Weg der Revolution vorbereitest.
Ich werde niemandem davon erzählen.

Monsieur de Voltaire.
Wo kann ich dich in Paris finden?
Ich höre deine ironischen Witze.
Schreibe mir viele Dinge.

Monsieur de Voltaire.
Du kannst dir Kritik und Lyrik leisten.
Wir werden deine Wörter nie vergessen.
Deine Bildung wird alle begeistern.

Das Leben von Camões

Ja, es war einmal ein Dichter.
Er hieß Luís Vaz de Camões.
„Verlasse den Hof!", sagte der Richter.
Und seine Catarina blieb alleine.

In Coimbra, Lissabon und Goa
lebte er in Freude und Drama.
Auch in Ceuta verlor ein Auge.
Und vergisst nie seine Ama.

Sein Werk, Sprache und Weg
der Lusíadas bleibt für die Ewigkeit.
Fichte und Hegel mit Übersetzungen
weckten seine Inspirationen und Helligkeit.

Wunderschön sind seine Ottaven.
Wunderschön waren die India und die Frauen.
Er vergaß nie den Fluss Mandovi,
schöne Pflanzen und Tigeraugen.

Er erzählte in Strophen über einen
Seeweg und interessante Entdeckungen.
Über das Kap der Guten Hoffnung.
Durch die Pest verlor er seine Deckungen.

Azoren

Hier liegt das Blumenmeer.
Hier lebt die Natur,
Lorbeerwälder und mehr.
Delfine und gesunkene Schiffe.

Schön sind die Hortensienhecken
für alle Kinder und Wanderer.
Wer will die Mondlandschaft
sehen und die Augen verstecken?

Viel erzählen die Leute
über Prinzessinnen und Erdbeben,
grüne Seen und Vulkankrater.

Rousseau

Rousseau.
Europa mochte deinen Einfluss.
Für die Revolution kanntest du den Weg.
Deine Inspiration war wie ein Fluss.
Aber du warst sehr oft weg.

Rousseau.
Die Madame hat dir viel geholfen,
wegen deines Bettelns und der Armut.
Nicht alle wollten auf Gerechtigkeit hoffen
und es weckte deinen Mut.

Rousseau.
Nachdem dein Werk durch Europa gewandert ist,
bist du schon im Schlosspark in Paris begraben!
Du bist, wie du bist …

Begriffserklärungen

Was ist ein Lied? Eine gegliederte gesungene Komposition.

Was ist Philosophie? Das systematische Streben des Menschen nach Erkenntnis.

Was ist Lyrik? Dichtung in Versform.

Informationen

Anaxagoras – Philosoph aus Klazomenai.
Bacon – Begründer der neuzeitlichen Philosophie.
Brüder Grimm – Sprachwissenschaftler und Volkskundler.
Descartes – Begründer der neuzeitlichen rationalistischen Philosophie.
Fichte – Vertreter des deutschen Idealismus, Erzieher und Philosoph.
Galileo Galilei – Philosoph, Astronom, Mathematiker und Physiker aus Italien.
Hegel – Vertreter des deutschen Idealismus.
Kierkegaard – Philosoph aus Dänemark und religiöser Schriftsteller.
Luís Vaz de Camões – einer der bedeutendsten Dichter Portugals.
Pedro Álvares Cabral – Entdecker von Brasilien.
Perikles – er wirkte bei dem Ausbau der Attischen Demokratie mit.
Rousseau – politischer und Sozialphilosoph, Schriftsteller und Komponist der Aufklärung.
Sartre – Vertreter des französischen Existenzialismus.
Shakespeare – englischer Dramatiker, Lyriker und Schauspieler.
Sokrates – Begründer der klassischen griechischen Philosophie.
Voltaire – Vordenker der Aufklärung und Wegbereiter der Französischen Revolution.

Die Autorin

Teresa Rita Cavaco Howe wurde 1973 in Portugal an der Algarve geboren.

2013 veröffentlichte die Autorin bereits das Kinderbuch „Das rosa Schweinchen", 2014 trug sie ein Gedicht zu einem Sammelband der Brentano-Gesellschaft Frankfurt bei.

Neben dem Schreiben liest und malt sie gerne und interessiert sich für das Thema Werbung. Sie ist verheiratet und hat zwei Kinder.

Der Verlag

*Wer aufhört
besser zu werden,
hat aufgehört
gut zu sein!*

Basierend auf diesem Motto ist es dem novum Verlag ein Anliegen neue Manuskripte aufzuspüren, zu veröffentlichen und deren Autoren langfristig zu fördern. Mittlerweile gilt der 1997 gegründete und mehrfach prämierte Verlag als Spezialist für Neuautoren in Deutschland, Österreich und der Schweiz.

Für jedes neue Manuskript wird innerhalb weniger Wochen eine kostenfreie, unverbindliche Lektorats-Prüfung erstellt.

Weitere Informationen zum Verlag und seinen Büchern finden Sie im Internet unter:

www.novumverlag.com

Bewerten Sie dieses Buch auf unserer Homepage!

www.novumverlag.com